Inhalt

Hedge Accounting - IASB veröffentlicht neue Bilanzierungsvorschläge

Kernthesen

Beitrag

Fallbeispiele

Weiterführende Literatur

Impressum

GENIOS WirtschaftsWissen Nr. 04/2011 vom 04.04.2011

Hedge Accounting - IASB veröffentlicht neue Bilanzierungsvorschläge

A. Kaindl

Kernthesen

- Die Bilanzierung von Hedge-Aktivitäten soll zukünftig einfacher und transparenter werden.
- Einen entsprechenden Entwurf hat das IASB im Dezember 2010 vorgelegt.
- Das Gremium schwenkt dabei von einem regel- auf einen prinzipienbasierten Ansatz um.
- Maßnahmen des Risikomanagements werden nun besser in der Bilanz abgebildet.

Beitrag

IASB veröffentlicht Entwurf zur Bilanzierung von Sicherungsbeziehungen

Das International Accounting Standards Board arbeitet weiterhin mit Nachdruck an der Ablösung des Rechnungslegungsstandards IAS 39 durch den Rechnungslegungsstandard IFRS 9. Im Dezember 2010 hat der Standardsetzer mit dem Exposure Draft ED/2010/13 Vorschläge für die künftige Abbildung von Sicherungsbeziehungen (Hedge Accounting) veröffentlicht. (3)

Die Anwendung der Vorschriften zum Hedge Accounting auf ökonomische Sicherungsbeziehungen ist an bestimmte Voraussetzungen geknüpft. Eine Sicherungsbeziehung darf lediglich aus zulässigen Grundgeschäften und Sicherungsinstrumenten bestehen. Zu Beginn der Sicherungsbeziehung muss, wie auch nach dem derzeit zur Anwendung kommenden IAS 39, eine formale Bestimmung und Dokumentation erfolgen. Diese umfasst folgende Bestandteile: (1)

- Erläuterung der Risikomanagementzielsetzung

sowie die mit der Absicherung verfolgte Sicherungsstrategie
- Genaue Bestimmung des Grundgeschäfts
- Genaue Bestimmung des Sicherungsinstruments
- Art des abzusichernden Risikos
- Erläuterung, wie das bilanzierende Unternehmen feststellt, ob die Sicherungsbeziehung die Effektivitätsanforderungen erfüllt, einschließlich der angewandten Methode(n)
- Analyse der Ursachen von Ineffektivitäten
- Angaben zur Bestimmung der Hedge Ratio (Hedge Ratio legt die Gewichtung zwischen Grundgeschäft und Sicherungsinstrument fest)

Welche Grundgeschäfte sind für eine Sicherungsbeziehung geeignet?

Folgende Positionen kommen als Grundgeschäfte in Betracht: Bilanzierte Vermögenswerte oder bilanzierte Verbindlichkeiten, bilanzunwirksame feste Verpflichtungen, erwartete und mit hoher Wahrscheinlichkeit eintretende künftige Transaktionen oder Nettoinvestitionen in einen ausländischen Geschäftsbetrieb. Geschlossene Portfolien aus den genannten Posten sowie bestimmte Komponenten eines Postens oder eines

Portfolios stellen ebenfalls zulässige Grundgeschäfte dar. Anders als nach den bisherigen Vorschriften sind nach dem ED Derivate nicht mehr grundsätzlich als Grundgeschäfte ausgeschlossen.

Als Grundgeschäfte können entweder die Änderungen aller Zahlungsströme, die Änderung des gesamten Marktwerts eines Postens/Portfolios oder bestimmte Komponenten davon bestimmt werden. Der ED unterscheidet diesbezüglich Risikokomponenten, vertraglich vereinbarte Zahlungsstrom-Komponenten sowie nominale Komponenten.

Im Gegensatz zu den geltenden Anforderungen nach IAS 39 ist es künftig nicht mehr erforderlich, dass bei einem Portfolio als Grundgeschäft die einzelnen Posten des Portfolios im Verhältnis zum Gesamtportfolio annähernd proportionale Änderungen des Marktwertes aufweisen müssen. (1)

Die neuen Vorschriften lassen auch eine Nettorisikoposition als Grundgeschäft zu. Bislang durfte lediglich ein Teil der Bruttoposition als Grundgeschäft verwendet werden. Damit nähert sich die zukünftige Vorgehensweise in der Rechnungslegung dem Risikomanagement vieler Unternehmen an. Dies bedeutet, dass die relevanten Risiken zentral erfasst und dann auf Nettobasis gesteuert und abgesichert werden. (1), (3)

Welche Sicherungsinstrumente dürfen zum Einsatz kommen?

Sämtliche finanziellen Vermögenswerte und finanziellen Verbindlichkeiten, die verpflichtend oder optional aufwands- bzw. ertragswirksam zum Fair Value bewertet werden, sind als Sicherungsinstrumente geeignet. Entsprechend dem veröffentlichten Entwurf dürfen darüber hinaus künftig auch sämtliche nicht-derivativen Finanzinstrumente, die aufwands- bzw. ertragswirksam zum Fair Value bilanziert werden, als Sicherungsinstrumente eingesetzt werden. Zu fortgeführten Anschaffungskosten bilanzierte Finanzinstrumente kommen wie bislang nur zur Sicherung des Währungsrisikos in Frage. Unverändert nicht als Sicherungsinstrumente in Betracht kommen (konzern-)interne Instrumente einschließlich konzerninterner monetärer Posten sowie eingebettete Derivate, die nicht separat zu bilanzieren sind. (1)

Wann ist eine Sicherungsbeziehung effektiv?

Der derzeit zur Anwendung kommende IAS 39

verlangt, dass eine Sicherungsbeziehung sowohl prospektiv als auch retrospektiv hochwirksam ist, d.h. sich die Fair Value-Änderungen von Grund- und Sicherungsgeschäft weitestgehend kompensieren. Das bilanzierende Unternehmen muss deshalb zu jedem Berichtsstichtag zwei Effektivitätsbeurteilungen durchführen, wobei die Effektivität für die Designation bzw. Weiterführung der Sicherungsbeziehung jeweils innerhalb der Bandbreite von 80-125 Prozent liegen muss. (1)

Der Exposure Draft definiert die folgenden zwei Anforderungen an die Effektivität einer Sicherungsbeziehung: (1)

- Erwartung einer nicht lediglich zufälligen Kompensationswirkung und
- Sicherstellung eines unverzerrten Sicherungsergebnisses und Minimierung der Ineffektivität

Es werden keine weitergehenden Anforderungen oder Konkretisierungen an das Kriterium der "nicht lediglich zufälligen Kompensationswirkung" vorgenommen. Insbesondere wird kein bestimmter Umfang der Kompensationswirkung oder der Korrelation vorgegeben. Zukünftig wird vorrangig auf eine qualitative Effektivitätsbetrachtung abgestellt. (3)

Die Effektivitätsanforderungen müssen zu Beginn der

Sicherungsbeziehung sowie fortlaufend beurteilt werden. Die Beurteilung basiert auf Erwartungen hinsichtlich der Kompensationswirkungen sowie auftretender Ineffektivitäten und ist daher rein prospektiv. Ein retrospektiver Effektivitätstest ist nicht mehr vorgesehen. (1)

Wann ist eine Anpassung bzw. Beendigung der Sicherungsbeziehung vorzunehmen?

Der ED sieht eine Pflicht zur Anpassung vor, wenn eine Sicherungsbeziehung die Effektivitätsanforderungen nicht mehr erfüllt, die Risikomanagementzielsetzung dafür jedoch unverändert fortbesteht und mit der Anpassung die Effektivitätsanforderungen wieder erfüllt werden können.

Wird erwartet, dass eine Sicherungsbeziehung die Voraussetzungen für ein Hedge Accounting künftig nicht mehr erfüllen könnte, ist eine proaktive Anpassung dieser Sicherungsbeziehung möglich.

Anders als nach IAS 39 ist eine Anpassung der Sicherungsbeziehung nach dem ED künftig als Fortsetzung der Sicherungsbeziehung zu bilanzieren.

Eine Fortsetzung der Sicherungsbeziehung ist nicht möglich, wenn sich der Zusammenhang zwischen Grundgeschäft und Sicherungsinstrument in einer Weise ändert, der nicht mit einer Anpassung der Hedge Ratio Rechnung getragen werden kann. (1)

Zukünftige Bilanzierung von Sicherungsbeziehungen

Erfüllt eine Sicherungsbeziehung die entsprechenden Voraussetzungen, hat das bilanzierende Unternehmen diese im Rahmen eines Hedge Accounting bilanziell abzubilden. Die bislang nach IAS 39 bestehenden Arten von Sicherungsbeziehungen Fair Value Hedge und Cash-Flow Hedge sowie deren Definitionskriterien wurden beibehalten. (1)

Eine der wichtigsten Änderungen des ED besteht darin, dass bei einem Fair Value Hedge die entsprechenden Buchungen nicht mehr wie bislang in der Gewinn- und Verlustrechnung (GuV), sondern im Eigenkapital abgebildet werden. Die aus den Fair Value-Änderungen des Grundgeschäfts resultierenden Hedge-Erträge bzw. -Aufwendungen sind als eigene Posten unter derjenigen Position in der Bilanz auszuweisen, die das Grundgeschäft darstellt. Des Weiteren sollen die effektiven

Bewertungseffekte aus Grund- und Sicherungsgeschäft erfolgsneutral im sonstigen Ergebnis im Eigenkapital verbucht werden. Mögliche Ineffektivitäten sind erfolgswirksam in der GuV zu erfassen. (3)

Die Bilanzierungsmethodik für Cash-Flow Hedges wurde im Wesentlichen beibehalten. (1)

Innerhalb eines Abschnitts im Anhang sind folgende Informationen zu veröffentlichen: Risikomanagementstrategie des Unternehmens und deren Umsetzung im Rahmen der Risikosteuerung, Auswirkungen der Sicherungsaktivitäten auf Höhe, Zeitpunkt und Unsicherheit künftiger Cash Flows sowie die Effekte des Hedge Accounting auf Bilanz, GuV und Eigenkapitalveränderungsrechnung. (1)

Würdigung der vorgeschlagenen Neuerungen

Die vom IASB unterbreiteten Vorschläge bieten den Anwendern generell mehr Möglichkeiten, ökonomische Sicherungsbeziehungen auch bilanziell im Rahmen eines Hedge Accounting abzubilden. Der im Vergleich zu IAS 39 deutlich erweiterte Kreis an designierbaren Grundgeschäften bietet erheblich mehr Flexibilität und Möglichkeiten bei der Designation. (1)

Mit der vorgeschlagenen, mehr prinzipienorientierten Beurteilung der Effektivität wird dem Ziel der Komplexitätsreduzierung Rechnung getragen. Der Wegfall der festen Bandbreite der Sicherungswirkung von 80-125 Prozent führt dazu, dass in Zukunft ökonomisch sinnvolle Sicherungsbeziehungen auch (weiterhin) als solche bilanziert werden können, wenn aufgrund einmaliger Markteffekte zwischenzeitlich keine entsprechend hohe Kompensationswirkung erreicht werden kann. Die Möglichkeit einer qualitativen prospektiven Beurteilung der Effektivität sowie der Verzicht auf den retrospektiven Test stellt eine große Erleichterung für die Bilanzierenden dar. (1), (2)

Trends

Eine verpflichtende Anwendung der Vorschriften zum Hedge Accounting ist für Berichtsperioden, die am oder nach dem 01.01.2013 beginnen, vorgesehen. Die Neuregelungen sollen ausschließlich prospektiv zur Anwendung kommen. (1)

Fallbeispiele

Bestimmte Komponenten eines Postens können auch als Grundgeschäft für eine Sicherungsbeziehung dienen.

Hinsichtlich nominaler Komponenten differenziert der Standardentwurf zwischen prozentualen Komponenten (z.B. 50 % des Nominalvolumens) und Schichten. Der Standardentwurf nennt Beispiele für Schichten, die als Grundgeschäft in Betracht kommen: (1)

- der Teil eines monetären Transaktionsvolumens, z.B. die ersten 20 Mio. USD aus Verkäufen im März 201X oder die nächsten 10 Mio. USD nach den ersten 20 Mio. USD

- der Teil eines physischen Volumens, z.B. 50 000 Kubikmeter des an einem bestimmten Ort gelagerten Erdgases

Als Beispiel für eine Anpassung der Sicherungsbeziehung nennt der ED die Sicherung des Wechselkursrisikos der Währung A mit einem Derivat in der Währung B. Der Wechselkurs der beiden Währungen wird von der Zentralbank in einem bestimmten Verhältnis oder innerhalb einer festen Bandbreite gehalten. Im Fall einer Änderung des festgelegten Wechselkurses bzw. der Bandbreite würde eine Anpassung der Sicherungsbeziehung die Effektivitätsanforderungen sicherstellen. (1)

Weiterführende Literatur

(1) IFRS 9 Financial Instruments: Neuerungen beim hedge accounting durch ED/2010/13
aus Kapitalmarktorientierte Rechnungslegung, Heft 3 vom 1.3.2011, Seite 124 -

(2) IASB setzt auf Prinzipien anstatt auf Regeln
Entwurf zur Hedge-Bilanzierung klammert Rechnungslegung von Portfolio-Absicherungen vorerst aus
aus Börsen-Zeitung, 10.12.2010, Nummer 239, Seite 3

(3) IASB-Standardentwurf zur Sicherungsbilanzierung
aus Kapitalmarktorientierte Rechnungslegung, Heft 1 vom 3.1.2011, Seite 68

Impressum

Hedge Accounting - IASB veröffentlicht neue Bilanzierungsvorschläge

Bibliografische Information der deutschen Nationalbibliothek

Die Deutsche Nationalbibliothek verzeichnet diese Publikation in der deutschen Nationalbibliografie; detaillierte bibliografische Daten sind im Internet über http://dnb.d-nb.de abrufbar.

ISBN: 978-3-7379-1398-0

© 2015 GBI-Genios Deutsche Wirtschaftsdatenbank GmbH, Freischützstraße 96, 81927 München, www.genios.de

Alle Rechte vorbehalten. Dieses Werk ist einschließlich aller seiner Teile – z.B. Texte, Tabellen und Grafiken - urheberrechtlich geschützt. Jede Verwertung außerhalb der Grenzen des Urheberrechtsgesetzes bedarf der vorherigen Zustimmung des Verlags. Dies gilt insbesondere auch für auszugsweise Nachdrucke, fotomechanische

Vervielfältigungen (Fotokopie/Mikroskopie), Übersetzungen, Auswertungen durch Datenbanken oder ähnliche Einrichtungen und die Einspeicherung und Verarbeitung in elektronischen Systemen.